LOUIS PÉLABON.

NOTICE BIOGRAPHIQUE

DE

CET OUVRIER POÈTE.

Par M. E.. Es....

SE VEND A TOULON

Chez F. MONGE, libraire, Place Blancard.

1859.

Toulon. — Imprimerie Ve BAUME, rue Neuve, 20.

A M. LOUIS PÉLABON,

Ouvrier et homme de lettres,

A Toulon.

MONSIEUR,

Il y a quelques mois, un homme de lettres de mes amis mourut à Lyon, en laissant aux personnes qu'il avait affectionnées divers ouvrages de sa bibliothèque, qui se répandirent ainsi entre les mains de ceux dont il emportait les regrets.

Dans le lot qui m'en échut, un petit paquet de brochures portait, sur une étiquette, l'annotation suivante : OEUVRES D'UN HOMME DE BIEN.

N'en déplaise à votre modestie, Monsieur, ces brochures étaient signées LOUIS PÉLABON, et la note de mon ami faisait, à la fois, votre apologie et la sienne.

De cette circonstance et de la lecture de vos poésies date mon vif désir de vous connaître ; désir qui me rendit cou-

pable d'une indiscrétion : celle de recueillir à votre insu
des renseignements biographiques qui vous sont personnels
et d'en composer une notice.

Mais comme il ne faut point douter que votre bienveil-
lance n'égale vos autres mérites, vous me pardonnerez
cette inconvenance, en faveur de l'intégrité de ma critique, vous accueillerez l'hommage de cet opuscule et vous me
permettrez Monsieur, de me dire

le plus sincèrement dévoué de vos serviteurs,

Émile ESNEAULT.

Paris, le 18 février 1859.

BIOGRAPHIE.

> J'aime , auprès d'un palais, une simple cabane ,
> En quittant Raphaël , je souris à l'Albane... ..
>
> EMMANUEL DUPATY, de l'Académie française.

Lorsque fatigué du spectacle de l'éternel *mat de Cocagne* littéraire, l'esprit peut se reposer un seul instant sur des œuvres naïves; lorsque le cœur, ébranlé par le choc des multiples théories de la philosophie moderne, peut se raffermir près d'un beau sentiment, qui ne tient point compte du fatras des idées du siècle, l'esprit et le cœur doivent éprouver un véritable soulagement.

Ce bien-être, nous l'avons ressenti en lisant les douces et simples poésies d'un homme que l'instruction n'apprit point à se composer, et d'un homme chez lequel le sens gouvernait en chef, aidé dans ses fonctions par une extrême délicatesse de jugement et une grande bonté d'âme.

Aussi le premier de nos devoirs sera-t-il d'en remercier *Louis* PÉLABON, *l'ouvrier poète, de Toulon.* L'intérêt qu'ont su nous inspirer et qu'inspireront à tous les lecteurs les vers qu'il compose, s'augmentera d'une profonde sympathie pour l'homme lui-même, quand on l'aura vu animé depuis son enfance de ces nobles instincts que la nature accorde dès le berceau à ses privilégiés, traverser les phases les plus pénibles de la vie laborieuse avec une égalité d'humeur et de sentiment que l'on demanderait souvent en vain à tant de gens dont le bonheur accompagne tous les pas.

Mettre au jour une pareille existence est une tâche dont l'auteur est largement récompensé par les beautés du sujet, de même que la main qui va cueillir la violette dans l'humble refuge où elle se dérobe aux yeux, trouve l'ample compensation de ses peines dans le parfum que cette fleur exhale.

Louis Pélabon, fils d'un modeste ouvrier menuisier de l'arsenal de Toulon, naquit en cette ville le 8 février 1814, neuvième enfant d'une famille qui en compta jusqu'à douze, tous alimentés par les bras du pauvre travailleur et les soins de son excellente femme.— De cette époque à l'année 1822, la mort étendit ses ravages sur le paisible foyer, huit enfants enlevés successivement à la tendresse paternelle ne semblèrent point une proie suffisante à la *pâle voyageuse*, qui jeta bientôt son voile sinistre sur le corps du chef de cette maison déjà décimée et laissa la malheureuse mère de Louis seule avec ses regrets et les quatre enfants qui lui restaient.

Louis avait alors huit ans. A quatorze, l'adolescent, mû par le sentiment de l'amour filial et par l'intelligence de ses devoirs, s'embarqua en qualité de mousse à bord d'un vaisseau de l'État; il avait hâte de venir au secours de sa mère et supporta courageusement, pour atteindre ce but, tout ce qu'une séparation a de douloureux à cet âge. C'était une précoce révélation de la force d'âme qui devait l'accompagner partout dans la vie.

Après deux longues campagnes, l'une dans le levant et l'autre dans les mers du sud, on le retrouve à l'âge de vingt ans ouvrier voilier à l'arsenal de Toulon. De ce moment date le premier indice de sa vocation poétique, dont le caractère va s'agrandissant peu à peu, à mesure que ses premiers pas s'affermissent dans cette voie.

Louis Pélabon, qui jusqu'alors avait toujours fait usage de l'idiome provençal, dans lequel il avait été bercé et qu'il aime comme on aime tout ce qui se rattache au souvenir de l'enfance, composa dans cet idiome quantité de pièces fugitives, trois pièces de théâtre, des contes, des chansons et des fables. Le journal *la Bouil-abaisse*, publié par Joseph Désanat, à Marseille en 1844 et 1845 dut s'enorgueillir de la collaboration du poète voilier de Toulou. Disons à ce propos que le jeune homme comptait dans sa famille de nobles précédents littéraires. Son grand-père, Etienne Pélabon, était l'auteur de la fameuse comédie provençale *Lou Groulié bel Esprit* également connue sous le titre de *Maniclo*, comédie représentée plusieurs fois à Paris avec un succès mérité et que soixante années n'ont point fait oublier.

Ce fut en 1843 seulement que Louis Pélabon commença

à produire quelques vers français. Mais quelle tâche pénible ne dut-il pas s'imposer pour acquérir la possession de cette langue, lui dont toutes les études se résumaient en deux maigres années d'école chez les frères de la doctrine chrétienne ? Que de travail assidu , aux dépens d'un repos nocturne indispensable aux fatigues du jour, pour vaincre des difficultés grammaticales, plus abondantes dans notre langue que dans aucune autre de l'Europe.

Mais aussi, que ne peut la louable ambition de s'instruire quand elle est soutenue par la puissance de la volonté ? Elève et maître à la fois , le jeune homme poursuivit avec patience l'œuvre qu'il avait entreprise, jusqu'au jour où, pour essayer ses forces, comme l'oiseau essaye sur le bord du nid les premières plumes de son aile, il se dit: Elançons-nous !

Que l'on ne se représente pas ici l'ouvrier vaniteux, négligeant ses honorables occupations pour courir après une gloire incertaine, il n'en est rien. Louis PÉLABON ne perdit jamais à la composition de ses poésies une seule heure de son travail. Il semblait au contraire que le travail et la composition fussent chez lui deux éléments inséparables: La main de l'ouvrier voilier poursuivait une rapide couture, son esprit, une pensée gracieuse et fugitive. Tout son bonheur était là. Lui-même nous l'apprend dans cette strophe d'une pièce intitulée: *Mon Aiguille et ma Plume.*

> Mon joyeux atelier, je le dis sans façon,
> Retentit quelquefois du bruit de ma chanson :
> Quand trente larges voix exemptes de tout rhume,
> Argentent mes accents des plus parfaits accords,
> Livré secrètement à mes heureux transports,
> Je chéris à la fois mon aiguille et ma plume.

L'amour de la famille est ordinairement précoce chez les hommes dont l'esprit s'élève sans cesse vers les beautés du sentiment. L'ouvrier voilier comprit qu'il lui manquait pour être complétement heureux , une tête sur laquelle reposât son affection maritale, un foyer où le soir put s'épanouir le cœur de l'homme aimant, après les fatigues quotidiennes. Quoique très jeune encore il se maria, et nulle joie de sa vie n'égala celle qu'il ressentit en entendant un jour le premier vagissement de son premier enfant. Veut-on juger d'un seul trait les sentiments du père de famille, après ceux du jeune homme libre, content plein de foi dans l'avenir, qui publiait naguère son premier essai de poésies françaises: *Chant de l'Ouvrier?* Ouvrons son second ouvrage: *Une voix de l'Ame*; là, le léger poète, céde tout-à-coup la place au philosophe. Ce dernier doute un instant..... C'est qu'il est père, c'est que son amour craint déjà de perdre le petit être que Dieu lui envoie. Alors le poète, le père et le philosophe, réunis en un seul homme chantent assis auprès du berceau de l'enfant:

> Dors, car tu ne sais pas, aux portes de la vie,
> A quel triste banquet le monde te convie !
> Peut-être des revers te sont déjà promis.
> Profite alors, enfant de tes jeunes années,
> Je compte en te berçant tes heures fortunées,
> Mais trop courtes mon fils !

Cette strophe définit le cœur paternel de Louis Pélabon mieux que ne le feraient tous les commentaires.

Qu'il nous soit permis d'exprimer ici le regret de ne pouvoir analyser un à un les jolis morceaux qui composent *Une Voix de l'Ame*, volume publié en 1846 et que nous considérons comme la pierre fondamentale de l'édifice poétique, philosophique et religieux de son auteur. Néanmoins nous ne saurions passer sur ce livre sans mettre sous les yeux des lecteurs la petite élégie suivante intitulée: *Deux Tombeaux*, qui suffirait seule pour donner la mesure de l'élévation des pensées du poète.

> A l'abri des cyprès, au champ des sépultures,
> S'élève un mausolée aux magiques sculptures,
> Le marbre, le granit , les attributs de deuil,
> D'un défunt opulent illustrent la mémoire,
> Tout révèle au passant sa fastueuse gloire,
> Mais nul ne vient prier autour de son cercueil.
>
> Tandis qu'à son côté, près d'une croix modeste,
> Un enfant à genoux les yeux baignés de pleurs,
> Elève ses regards vers la voûte céleste
> Et pour sa mère prie en lui tressant des fleurs.
>
> A ce contraste affreux que je ne puis comprendre
> Quand l'inégalité règne au fond du tombeau;
> Pour me tirer d'erreur. raison daigne m'apprendre
> De ces deux monuments lequel est le plus beau.

> Et l'ange de la mort , cette ombre toute sainte ,
> Ayant appris mes vœux par ma timide voix ;
> M'apparut tout-à-coup dans la lugubre enceinte ,
> Et me dit en secret: Poète , c'est la croix !!! ...

En 1847 , il publia un poème intitulé : *Dissertation poétique sur le Chant de l'Eglise* . Il est précédé d'une touchante élégie dédicatoire aux mânes de M. le chanoine Rue,
après cet hommage pieux au souvenir d'un homme qui laissait
des regrets unanimes , on voit se dérouler la dissertation sur
le chant de l'église , travail qui révèle non-seulement une
étude approfondie du sujet, mais encore le goût de l'auteur
pour tout ce qui touche aux beautés de la psalmodie.

En 1851, Louis PÉLABON dédia au Prince Président de la
République, une pièce de vers consacrée à la mémoire du 1ᵉʳ
Empereur et portant le titre de Napoléon ! Ce morceau lui
valut de la main même de l'illustre protecteur des lettres la
réponse que l'on va lire:

« MONSIEUR ,

« Vous consacrez les loisirs que vous laisse une vie honorable-
ment laborieuse à célébrer l'Empereur, et vous avez eu la pensée de
me dédier la pièce de vers que vous a inspiré le culte de sa mémoire.

« Je vous en remercie sincèrement , je l'accepte avec plaisir et je
l'ai lue avec beaucoup d'intérêt. »

La belle défense de Toulon en 1707, contre le duc de Savoie
était un fait d'armes qu'il appartenait à l'ouvrier poète toulonnais de tirer d'un injuste oubli .

Il en fit, en 1852, sous le titre : *Siége de Toulon par le duc
de Savoie* , le sujet d'un drame historique en trois actes et en
vers , qui fut représenté plusieurs fois avec succès dans la
ville même où 145 ans auparavant, la bravoure des habitants ré-
duits à leurs seules ressources avait triomphé d'une armée as-
siégeante organisée et conservée au roi de France sa 1ʳᵉ place
maritime.

L'auteur, en composant cette pièce, qui respire d'un bout
à l'autre le patriotisme le plus noble et la vérité historique la
plus exacte , en ce qui concerne les faits principaux, ne se dis-
simulait point les difficultés qui entourent un ouvrage destiné
à paraître sur la scène, il savait que les meilleurs dramaturges,
les auteurs tragiques de 1ᵉʳ ordre, n'arrivent à la perfection de

cet art si rempli d'écueils qu'après avoir surmonté les plus grands obstacles, et quelquefois même n'obtiennent qu'un succès contesté , en raison d'une situation moins sentie , d'un jeu de scène mal apprécié , en un mot d'un de ces riens qui composent le tout artistique , Louis PÉLABON n'ignorait aucune de ces particularités , et cependant il entreprit bravement son œuvre. Ceux qui ne connaîtraient pas l'homme seraient tentés peut-être d'y voir un motif d'ambition outrée ou, tout au moins, une grande témérité. En portant un pareil jugement sur ses intentions, la critique rendrait un arrêt inapplicable à la simplicité de *l'ouvrier voilier*. Non, il n'a été ébloui par aucune orgueilleuse espérance ; modeste il était, modeste il est resté et restera toujours ; mais on ne pourrait lui faire un reproche de son amour pour son pays , du soin qu'il prend de faire valoir les droits légitimes de ses aïeux à l'administration de la France et d'avoir fait reverdir les antiques lauriers de sa ville natale, d'abord, parce qu'ils en sont éminemment dignes, en second lieu, parce qu'ils ont été plus délaissés des commentateurs contemporains.

Nous verrons plus tard le *poète travailleur* donner un libre essor aux élans patriotiques de sa muse, dans une circonstance où la gloire de la nation entière brillait sur les champs de bataille de la Crimée. Disons pour l'instant que son drame le *Siège de Toulon*, ne manque ni de beaux vers, ni de nobles pensées, disons encore que le sentiment généreux qui l'a fait entreprendre a trouvé sa récompense dans la vive sympathie des Toulonnais , dans l'accueil honorable et les félicitations de personnages éminents, à la tête desquels il faut placer le Prince Président, de la part duquel l'auteur reçut, à ce propos une lettre flatteuse et encourageante.

Il est un de ces grands personnages auquel nous devons, pour Louis PÉLABON, un tribut particulier de reconnaissance et de respect : Nous voulons parler de M. le Comte Siméon autrefois représentant du Var et maintenant Sénateur.

Indépendamment de la sollicitude générale qu'il étendit sans cesse sur le département, dont il représentait près du pouvoir les droits et les besoins, M. le Comte Siméon, honorant de sa protection et de son estime l'humble *ouvrier poète*, daigna l'aider constamment de sa haute influence, de ses conseils et le faire l'objet d'une considération toute particulière. Pour n'en donner qu'une preuve nous reproduirons une lettre du représentant du Var adressée à Louis Pélabon, datée du 27 avril 1852.

> » Cher Monsieur Pélabon ,
>
> » Je vous remercie de l'envoi que vous m'avez fait de votre drame sur le Siége de Toulon.
>
> » J'ai envoyé à l'Elysée l'exemplaire destiné au Prince. — Il y a de forts beaux sentiments dans cette pièce qui est une preuve nouvelle de votre goût pour le travail. Mais vous le savez, il n'y a rien de plus difficile à faire qu'un drame en vers ou qu'une tragédie, il faut tant de conditions que des poètes du premier mérite ne sont parvenus à les remplir ; à votre place je n'aborderais pas ces trop vastes sujets, et je me bornerais au premier genre de poésies fugitives dans lequel vous avez réussi,
>
> (Qui trop embrasse, mal étreint)
>
> » Vous savez que je suis votre ami et que je vous parle avec franchise.

Quelque peu importante que soit notre opinion, auprès de celle de tant d'hommes distingués qui depuis longtemps ont rendu à la noblesse de cœur et aux mérites de l'honorable sénateur l'hommage qui leur est dû, nous sommes heureux de la consigner ici.

Après le grand travail dont nous venons de parler, Louis Pélabon revint par une pente naturelle à l'Elégie, genre de poésie qu'il affectionnait le plus et dans lequel il obtint toujours un véritable succès. En 1853, il publia un recueil intitulé : *Sous les Cyprès*. La matière ne lui manquait pas pour composer cet ouvrage, son âme aimante avait reçu de rudes chocs depuis quelques années. La mort de sa mère, celle de sa première femme, d'un jeune enfant et de personnes amies avaient éveillé en lui un besoin d'épanchement auquel il se laissa aller dans ses vers. Les sentiments religieux qu'il professe toujours, répandirent dans cet ouvrage les plus belles pensées philosophiques, et l'on se pénètre, en le lisant de la vérité de ses inspirations ; témoin ce passage du morceau, *La nuit près des tombeaux*.

Quand l'aquilon mugit et que le cyprès tremble,
Saluant de son front les urnes et les croix,
On dirait, dans ces nuits, que tous les morts ensemble ,
Aux passants attardés font entendre leurs voix,

Il y a non seulement dans ces quatre vers de la beauté descriptive mais on y trouve de plus une odeur de recueillement qui ne peut appartenir qu'à l'homme profondément pénétré des sensations qu'il éprouve. On remarque encore dans ce livre, sous le titre : *Un Séraphin de plus*, une touchante élégie sur la mort du plus jeune enfant du ministre de l'instruction publique, M. H. Fortoul.

Louis PELABON, avait précédemment dédié à ce protecteur des lettres, une pièce de vers qui fut accuellie avec sympathie et dont réponse fut faite à l'auteur par la lettre suivante, datée du 6 août 1853.

» MONSIEUR ,

M. le ministre de l'Instruction publique et des cultes a reçu les vers que vous avez bien voulu lui dédier. Il vous eut remercié plus tôt et directement si la perte douloureuse de son plus jeune enfant ne l'eut pas en dernier lieu détourné de ses préoccupations ordinaires.

» Mais croyez bien, Monsieur, au vif intérêt que le ministre prendra toujours à vos travaux qui lui inspirent une estime particulière.

Une noble récompense devait bientôt couronner les œuvres de l'humble poète.

Le bruit des bienfaits que répandait partout l'auguste main de notre Impératrice émut Louis PÉLABON, à ce point qu'il voulut se faire l'interprète de la reconnaissance des malheureux soulagés, et en 1855 il adressa à sa Majesté un sonnet dont l'esprit se résume dans ce quatrain final digne d'éloges sous tous les rapports.

> Je voudrais, par les vers qu'en ce moment j'écris,
> Mêlant avec transport, généreuse Eugénie,
> Les sentiments de l'âme aux élans du génie,
> De tes nombreux bienfaits éterniser le prix.

Pour donner un parfait témoignage de sa gratitude, l'Impératrice fit remettre au poète une superbe médaille d'argent portant d'un côté l'effigie de sa Majesté et sur l'autre face une couronne de fleurs.

La guerre de Crimée commençait, avec elle surgissait de toutes parts les grands instincts patriotiques ; Louis PÉLABON les possédait à un trop haut degré pour ne pas en donner des preuves éclatantes ; en outre, son fils, héritier des vertus paternelles, tout adolescent qu'il fut à cette époque, voulut offrir à la France les prémices de son bras et s'était engagé dans un des régiments d'infanterie qui prenait part à cette campagne mémorable, le 74° de ligne.

Ces motifs plus que suffisants pour alimenter le patriotisme de l'homme et tenir en suspens la tendresse du père, lui inspirèrent *Les Echos d'Orient*, poésies où l'auteur chantait les belles actions de nos soldats, et l'on vit bientôt notre valeureuse armée réchauffer son enthousiasme à la lecture des hauts faits d'armes qu'elle avait accomplis.

Un autre recueil de poésies, *Le Barde de Crimée*, publié en 1857 vint compléter après la conquête de Sébastopol, les chants publiés par l'auteur au début de la campagne. Dans cette œuvre où tout respire le patriotisme le plus noble, si les faits d'armes de la Crimée y sont décrits avec cet enthousiasme guerrier qui caractérise le cœur français, la pièce intitulée: *La Paix du 30 Mars*, qui termine le livre, ne manque pas de révéler aussi les transports de satisfaction du poète dont les sentiments de sagesse ne comprennent la guerre que comme une nécessité douloureuse.

> Les traités sont signés, la paix est confirmée,
> Que l'électricité l'annonce à notre armée
> En lui signifiant de laisser Malakoff,
> Qu'au congrés de Paris la voix du comte Orloff.
> ....

Et plus loin :

> Mères de nos soldats cessez vos jérémies,
> Les rois s'étant entr'eux tendus des mains amies,
> Bientôt vous presserez dans vos bras, sur vos cœurs,
> Vos enfants bien aimés magnanimes vainqueurs.
> ....

> Ah ! pour persévérer à tenir bas les armes,
> Gardons le souvenir et du sang et des larmes
> Dont la guerre est prodigue et demeurons amis,
> Qu'au sein des arsenaux les canons endormis
> Reposent entassés, que l'herbe et la poussière
> Les couvrent s'il le faut jusques à la lumière,
> Et que pour opérer à de malentendus,
> Le signal des combats ne les réveille plus,

La paix définitive signée entre les puissances belligérantes ramena le calme dans le cœur du poète, et pareil au Romain qui reprenait, après les combats, les paisibles travaux de l'agriculture. Louis PÉLABON se sentit heureux de ressaisir ses doux chants d'autrefois. D'ailleurs, par ce retour au genre religieux il obéit volontiers au conseil que lui donnait Mgr l'archevêque de Paris , M. Sibour, dans une lettre datée du 16 novembre 1851 où l'on trouve ce paragraphe :

« Continuez, Monsieur, à prendre pour sujet de vos chants, la religion, la vertu, la famille, tout ce qui élève l'âme et fait notre bonheur ici-bas, vous ferez germer, vous répandrez ainsi dans l'esprit de vos lecteurs les admirables sentiments qui vous animent, vous y puiserez pour vous-même de nouvelles consolations et des jouissances toujours plus douces »

La publication de *La Madeleine* ou *pélerinage à la Sainte-Baume*, marque donc le retour de l'auteur à ses élégies favorites. Ce livre où revit le souvenir de l'illustre pénitente, à laquelle la chronique religieuse assigne pour lieu de retraite, en Provence, la grotte du rocher de la Sainte-Baume, ce livre, dis-je, déjà remarquable par plus d'un joli passage et par la saine morale que l'on y rencontre, ne l'est pas moins encore par la beauté des descriptions. En entrant avec l'auteur sous les voûtes des vieilles basiliques, au milieu des ruines célèbres éparses dans son tableau, nous nous sentons pénétrés d'un profond respect pour ces illustres monuments de la grandeur et de la foi de nos pères, et nous le remercions sincèrement de nous avoir fait participer aux religieuses pensées qu'ils inspirent ; puis au sortir de ces débris vénérés. dont il nous semble fouler la poussière sous nos pas nous répétons avec un soupir, qui traduit notre conscience de la fragilité des choses humaines :

Sic transit gloria mundi !

Angéline, drame moral en un acte et en vers, le dernier sous notre plume, mais l'un des premiers dans l'esprit de cette notice vient compléter le nombre des ouvrages publiés jusqu'à ce jour par Louis PÉLABON. Le sujet en est tiré de la naïve ballade anglaise de ce nom, mise en vers français par le poète Andrieu. Il n'est personne qui ne se remémore la belle dissipée dont l'amant désolé chercha dans la retraite et la prière les consolations réclamées par son cœur contre les douleurs amères de son amour méconnu ; personne qui ne se souvienne du repentir de l'amante et des efforts surhumains qu'elle fit pour retrouver celui dont elle voulait, à tout prix, obtenir le pardon et reconquérir l'amour si regretté ? L'auteur, dans son drame a rendu gracieusement plusieurs des péripéties de l'action. On retrouve encore les sentiments religieux dont il est animé, dans l'entrevue de l'Ermite et de la malheureuse qui réclame son secours sans l'avoir reconnu.

Plus loin, il sait, avec toute la simplicité de l'art véritable, nous peindre la stupéfaction, la joie pleine de larmes des deux amants dont l'un reçoit un pardon que lui accorde la générosité de l'autre.

Ici nous ferons remarquer à l'auteur une faiblesse marquante de son œuvre. Après le pardon de l'amant qui occupait sa place naturelle dans le drame, en raison de ce qu'il révélait la faiblesse humaine, il était urgent, tant pour l'intérêt que pour la vérité du caractère, de faire naître un contraste vigoureux, en opposant, à l'entraînement du cœur de l'homme la force de la religion. On eut applaudit à l'anachorète pardonnant mais se retranchant derrière la barrière infranchissable de ses vœux, et la fin tragique de la pièce eut trouvé une cause vraisemblable dans le désespoir de l'amante.

Le drame ne vit que de contrastes de scènes et de caractères fortement frappés. C'est alors que la beauté de l'œuvre eut été dignement complétée par la scène finale, où l'homme de Dieu, rendant les derniers devoirs à l'amante expirée, bénit le repentir au milieu de sanglots arrachés par le réveil de ses douleurs.

Nous aimons à croire que l'auteur se pénétrant à l'avenir de toutes les parties de son sujet, méritera non point un éloge partiel mais bien des applaudissements sans restriction.

Dans le cours de tous les ouvrages précités, nous avons remarqué quelquefois avec peine, à côté de certains vers pleins de vigueur et d'harmonie, certains autres vers où la pensée était sacrifiée à la rime. — Pourquoi tenter l'impossible en emprisonnant tant bien que mal, dans les douze pieds d'un alexandrin, une idée qui pourrait être rendue avec succès dans un cadre moins rétréci?.. Certes, l'exemple des grands classiques est le plus beau que l'on puisse suivre; mais est-il donné à tous de posséder le génie de Racine et de Corneille?.. Eviter habilement une difficulté que nos forces sont impuissantes à vaincre, c'est presque l'avoir surmontée. De là, le besoin en pareil cas, de marier avec goût la manière des modernes avec ce que l'on nomme; *la Nouvelle Ecole*, au plus grand bénéfice du style et de l'harmonie.

La franchise qui préside à l'émission de notre manière de

voir nous fait espérer que l'auteur y verra l'intérêt profond qu'il a su nous inspirer.

Une critique acerbe flagellerait d'autre part les incorrections qui se glissent de temps à autre dans le style de Louis Pélabon mais nous allons, loin de le censurer, présenter sa défense qui appartient de droit à notre impartialité. — Nous l'avons déja dit, au commencement de cette notice ; Louis Pélabon, lorsqu'il se sentit entraîné vers la poésie par la force de sa vocation, ne possédait aucun élément sérieux des difficultés de la langue. Ce qu'il a acquis, il le doit à son travail persévérant et à sa propre intelligence.

Loin de le blâmer des fautes de français, assez rares du reste qui lui échappent, ne devons-nous pas au contraire, l'élogier de celles qu'il s'est étudié à ne pas commettre ? — L'absence d'érudition n'exclut pas plus le génie que la pauvreté n'exclut la grandeur d'âme, vertu dont la nature lui a fait une si belle part sans préjudice d'une modestie dont on jugera par la lettre suivante du Ministre de la marine, M. Théodore Ducos, datée du 1er août 1854.

« MONSIEUR LE PRÉFET,

« J'ai reçu la lettre que vous m'avez écrite le 26 juillet pour me faire connaître que l'ouvrier voilier Pélabon, que je vous ai *particulièrement recommandé*, *bornait ses prétentions* à l'emploi de contre-maître, qui va être prochainement vacant à la direction du port.

« Je suis heureux de donner mon approbation anticipée à cette nomination, il m'est agréable de pouvoir améliorer ainsi la position d'un ouvrier qui a su se rendre intéressant par ses talents littéraires non moins que par sa bonne conduite. »

Il n'y a rien à ajouter à l'éloquence de tels faits.

L'*ouvrier voilier* (il aime ce titre qui l'honore) aujourd'hui contre-maître, n'a point dit son dernier mot à la poésie. Ses nouvelles productions viendront bientôt, nous aimons à le croire, ajouter un fleuron de plus à sa couronne, dont l'honneur rejaillira sur ses concitoyens et toutes les fois qu'on aura lu ses vers pleins de sentiments, en fermant un livre toujours trop court au gré de ses lecteurs, on ne pourra s'empêcher de répéter la phrase de notre défunt ami : *Ce sont les œuvres d'un homme de bien.*

Émile ESNEAULT.

Toulon. — Imprimerie V⁰ BAUME, rue Neuve, 20.